Vida sana

Granos

por Vanessa Black

Bullfrog Books

Ideas para padres y maestros

Bullfrog Books permite a los niños practicar la lectura de texto informacional desde el nivel principiante. Repeticiones, palabras conocidas y descripciones en las imágenes ayudan a los lectores principiantes.

Antes de leer

- Hablen acerca de las fotografías. ¿Qué representan para ellos?

- Consulten juntos el glosario de fotografías. Lean las palabras y hablen de ellas.

Durante la lectura

- Hojeen a través del libro y observen las fotografías. Deje que el niño haga preguntas. Muestre las descripciones en las imágenes.

- Lea el libro al niño, o deje que él o ella lo lea independientemente.

Después de leer

- Anime a que el niño piense más. Pregúntele: ¿Cuántas porciones de granos crees que comes al día? ¿Cuál es tu grano favorito?

Bullfrog Books are published by Jump!
5357 Penn Avenue South
Minneapolis, MN 55419
www.jumplibrary.com

Library of Congress Cataloging-in-Publication Data

Names: Black, Vanessa, 1973– author.
Title: Granos / por Vanessa Black.
Other titles: Grains. Spanish
Description: Minneapolis, MN: Jump!, Inc., [2017]
Series: Vida sana
"Bullfrog Books are published by Jump!"
Audience: Ages 5–8. | Audience: K to grade 3.
Includes bibliographical references and index.
Identifiers: LCCN 2016042855 (print)
LCCN 2016045524 (ebook)
ISBN 9781620316504 (hardcover: alk. paper)
ISBN 9781620316573 (pbk.)
ISBN 9781624965340 (ebook)
Subjects: LCSH: Grain in human nutrition--Juvenile literature. | Grain—Juvenile literature.
Nutrition—Juvenile literature.
Health—Juvenile literature.
Classification: LCC QP144.G73 B5318 2017 (print)
LCC QP144.G73 (ebook) | DDC 641.3/31—dc23
LC record available at https://lccn.loc.gov/2016042855

Editor: Jenny Fretland VanVoorst
Book Designer: Molly Ballanger
Photo Researcher: Molly Ballanger
Translator: RAM Translations

Photo Credits: All photos by Shutterstock except:
Getty, 14–15, 16, 23tl, 23mr; iStock, 17.

Printed in the United States of America at Corporate Graphics in North Mankato, Minnesota.

Tabla de contenido

Comida buena 4

Tu porción diaria de granos 22

Glosario con fotografías 23

Índice 24

Para aprender más 24

Comida buena

Ed quiere comer algo.

¡Pop! ¡Pop!

Él hace palomitas.

Se hacen con
granos de maíz.

El trigo también es un grano, al igual que la avena y el arroz.

arroz

avena

trigo

semillas

Proviene de una planta.

Los granos contienen
mucha fibra.

Te ayudan a digerir.

Tienen hierro que
ayuda al corazón.

Nutrition Facts

Serving Size 1 cup (110g)
Servings Per Container About 6

Amount Per Serving

Calories 250   Calories from Fat 30

	% Daily Value*
Total Fat 7g	
Saturated Fat 3g	**11%**
Trans Fat 0g	**16%**
Cholesterol 4mg	
Sodium 300mg	
Total Carbohydrate 30g	
Dietary Fiber 3g ◀	
Sugars 2g	
Protein 5g	

Vitamin A	
Vitamin C	7%
Calcium	15%
Iron	20%
	32%

* Percent Daily Values are based on a 2,000 calorie diet.
Your daily value may be higher or lower depending on
your calorie needs.

Total Fat   Calories:

fibra

hierro

11

Los granos integrales
son mejores.

También saben ricos.

tortilla
de maíz

Ada come una tortilla.

Se hace con maíz.

Carlos come una rosquilla.
Se hace con trigo.

Sue come una galleta.

Se hace con avena.

17

fideos
de arroz

Mo come fideos.
Son hechos de arroz.

Los granos son alimentos sanos.

¡Mmm!

Tu porción diaria de granos

**Necesitas cinco porciones de granos al día.
Tres de estas porciones deben ser de granos integrales.**

pan integral
El pan integral es el más saludable porque contiene nutrientes de todas las partes del grano.

arroz blanco
El arroz blanco es menos saludable que el arroz integral porque se han quitado nutrientes de una parte del grano.

fideo
Los fideos se hacen a base de harina, un polvo hecho con granos molidos de trigo, arroz u otros granos.

alforfón
El alforfón es una variedad de trigo. Es un ingrediente importante en la cocina de Europa del Este.

Glosario con fotografías

fibra
Parte del grano que te ayuda a digerir la comida.

rosquilla
Pan en forma de aro hecho con harina de trigo.

granos integrales
Alimentos que se hacen utilizando el grano entero.

semilla
Parte de una planta que es capaz de producir una planta nueva.

hierro
Mineral que tu cuerpo necesita para mantenerse sano.

tortilla
Pan plano, suave y delgado hecho con harina de trigo o maíz.

Índice

arroz 6, 19

avena 6, 17

fibra 11

fideos 19

galleta 17

hierro 11

maíz 5, 15

palomitas 5

rosquilla 16

semilla 8

tortilla 15

trigo 6, 16

Para aprender más

Aprender más es tan fácil como 1, 2, 3.

1) Visite www.factsurfer.com

2) Escriba "granos" en la caja de búsqueda.

3) Haga clic en el botón "Surf" para obtener una lista de sitios web.

Con factsurfer.com, más información está a solo un clic de distancia.